Schwyzertütsch

für Anfänger

Jürg Bleiker

Obmann Gruppe Zürich des Vereins Schweizerdeutsch

ars edition

INHALT

Über dieses Buch

Um sich in der Schweiz wohlzufühlen, sollte man verstehen, wie die Leute reden. Dieses Buch ist dabei eine grosse Hilfe. Es enthält die Sprachform von Zürich und Umgebung, das Züritüütsch, das man gut in der ganzen deutschen Schweiz gebrauchen kann.

Man lernt zu sagen

wer man ist

wo man herkommt

wieviel Uhr es ist

was man mag

wie man nach dem Weg fragt

was man einkaufen will.

Und so funktioniert es:

Einzelne Bilder oder Bildgeschichten zeigen, was man in bestimmten Situationen sagt. Lies die Texte in den Sprechblasen. Das meiste wirst du sofort verstehen, die übrigen Wörter kannst du nachsehen. Wörter, Ausdrücke und Redewendungen werden oft wiederholt. So prägen sie sich leichter ein. Das Buch fängt mit ganz einfachen Ausdrücken an und wird gegen Ende schwieriger. Es kann natürlich nicht alle regionalen Besonderheiten erfassen.

2

Wörter und Ausdrücke

Auf jeder Doppelseite findest du neue Wörter aufgelistet. So kannst du sie immer wieder leicht finden. Hast du einmal ein Wort vergessen, dann schau einfach in die alphabetische Wortliste (S. 46-48). Wenn ein Wort mit einem Sternchen gekennzeichnet ist, steht eine Fussnote am unteren Seitenrand.

Sprachregeln

In solchen Kästchen wird erklärt, wie schweizerdeutsche Wortformen und Sätze gebildet werden. Es macht nichts, wenn dir nicht alles auf Anhieb einleuchtet. Die Sprachformen werden häufig wiederholt. Auf den Seiten 42-43 findest du eine Zusammenfassung aller für den Alltag wichtigen Sprachregeln.

Aussprache

Auf Seite 41 erklären wir anhand von Beispielen, wie das Zürichdeutsche ausgesprochen wird. Bitte schau dir diese Anleitung genau an, weil die richtige Aussprache wirklich wichtig ist.

Übungen

Im ganzen Buch findest du kleine Aufgaben, die dir helfen, dein Schweizerdeutsch zu üben. Erst selbst probieren – dann kannst du auf den Seiten 44 und 45 überprüfen, ob deine Antworten richtig waren.

Was du sonst noch tun kannst

Versuche die Wörter und Ausdrücke so oft wie möglich zu sprechen. Einige Minuten täglich genügen und können Wunder wirken. Vielleicht

kannst du jemanden bitten, dich gelegentlich abzuhören oder, noch besser, mit dir zusammen Schweizerdeutsch zu sprechen. Dann könnt ihr

miteinander üben. Unterhaltet euch bei jeder Gelegenheit auf Schweizerdeutsch! Keine Angst vor Fehlern! Auch durch Radiohören kann man viel lernen.

3

Begrüssen

Zuerst lernst du, wie man sich begrüsst. Das Allerweltswort heisst **Grüezi***. Es kann zu jeder Person gesagt und zu jeder Tageszeit verwendet werden. Bei mehreren Personen kannst du verstärken: **Grüezi mitenand**. Ein Name (wenn du ihn weisst!) oder Titel schliesst ohne Pause an: **Grüezi Herr Tokter!** Der Ausdruck **Fröläin** «Fräulein» wird oft nur noch in Restaurants gebraucht: **Fröläin, zale bitte!** «Bitte zahlen!»

«Hallo»

Sali sagt man nur zu jemandem, den man duzt.

Bei schnellem Sprechen wird Frau zu **Frä** verkürzt.

Den Namen nicht als **Wreeni** sprechen!

«Auf Wiedersehen»

Tschau sagt man auch nur zum Duz-Partner.

Adie ohne Zusatz klingt schroff abschliessend!

«Gute Nacht»

Guet nacht am sächsi bedeutet: «Schöne Bescherung!»

* Ja nicht Grüzzi! Diese Aussprache kann unangenehme Reaktionen auslösen (Schulterklopf-Syndrom des großen Nachbarn).

«Wie geht's?»

Diese Frage sollte man nicht
unterlassen, ...

... obwohl die Antwort oft
heisst:

Frøøg nöd!
(«Frag bloss nicht!»)

Wie gaats?

Hier siehst du verschiedene
Möglichkeiten, auf die Frage
wie gaats? zu antworten. Was,
glaubst du, wird jeder dieser
Menschen antworten, wenn du
dich nach seinem Befinden er-
kundigst?

böimig*	sehr gut
guet	gut
rächt	ganz ordentlich
gaat so	es geht
durzoge**	nicht so gut
schitter	furchtbar

* stark wie ein Baum
** durchwachsen

Sich vorstellen

Diese Sätze hier braucht man, wenn man sich selbst oder seine Freunde vorstellen oder mit jemandem bekannt machen will. Mit den Sätzen aus den Sprechblasen auf dieser Seite kann man die Fragen auf der nächsten Seite beantworten.

Wörter und Ausdrücke

iich, ich, i	ich
duu, du	du
èèr, er	er
sii, si	sie
	(auch Mehrzahl)
miir, mir, mer	wir
iir, ir, er	ihr
jaa	ja
näi	nein
und	und
wie häissisch?	wie heisst du?
ich häisse ...	ich heisse ...
wie häisst er?	wie heisst er?
wie häissed Si?	wie heissen Sie?
wèr isch das?	wer ist das?
das isch ...	das ist ...
min Fründ	mein Freund
mini Fründin	meine Freundin
de Dani	Daniel
d Andreea	Andrea
s Vreeni*	Verena

Die Wörter «ich», «du», «er» werden je nach Betonung gedehnt, neutral oder verkürzt gesprochen:
Iich ha nüüt gsäit, aber duu! (betont);
Han ich das gsäit? (neutral);
Das hani nüd gsäit (ganz unbetont).

Die meisten Wörter und Ausdrücke sind problemlos zu erkennen; umso mehr ist auf Änderungen in Form und Aussprache zu achten!

Freunde vorstellen

* Neben **d** («die») steht besonders vor weiblichen Namen auf **-i** sehr oft **s** («das»).

Wie heissen diese Leute?

Setz bei der Antwort den Artikel vor den Namen!

Wer ist wer?

Weisst du die Antworten auf die Fragen unter dem Bild? Vergleiche sie mit denen auf Seite 44.

Wer spricht mit Kaspar?
Wer spricht mit Irene?

Wer heisst Gottfried (Göpf)?
Wer spricht mit ihm?

Wer heisst Andrea?
Wer geht heim?

Erinnerst du dich?

Wie fragst du jemanden, wie er heisst?
Wie stellst du dich selber vor?

Du hast eine Freundin namens Andrea.
Wie stellst du sie vor?
Wie könntest du jemandem sagen, dass dein
Freund Daniel heisst?

Wie nennt man ...?

Alle Gegenstände auf diesem Bild sind mit ihrem Namen bezeichnet. Versuche diese Wörter zu sprechen. Auf der gegenüberliegenden Seite kannst du dich überprüfen.

es Chämi

s Tach

d Sune

en Vogel

Guete Morge!

es Näscht

en Baum

es Fäischter

Blueme

e Chatz

s Huus

Das isch mis Huus.

d Tüür

d Garaasch

de Haag

en Hund

es Auto

Artikel

Die Geschlechter der Wörter sind im Schweizerdeutschen meist dem Schriftdeutschen gleich.
Der bestimmte Artikel heisst statt «der»: **de** bzw. vor Vokal **der** (**de Haag**, aber **der Aarm**); statt «die»: **d** (**d Garaasch**); statt «das»: **s** (**s Huus**).
Der Laut **d** wird mit dem Folgewort oft verschliffen: statt **d Frau** sprich **pFrau,** statt **d Chuchi** («die Küche») sprich **kChuchi**.
Der unbestimmte Artikel heisst statt «ein»: (männlich) **en** (**en Baum**), (sächlich) **es** (**es Näscht**); statt «eine» (weiblich): **e** (**e Chatz**).
In der Mehrzahl heisst «die» ebenfalls **d**: **d Mane** («die Männer»), **d Fraue** («die Frauen»), **d Chind** («die Kinder»).

Namen und Wörter erfragen

Es macht nichts, wenn dir einmal ein schweizerdeutsches Wort fehlt oder du bei seiner Form unsicher bist. Mit folgenden Wendungen kannst du ja danach fragen.

was isch das?	was ist das?
und was isch daas? (betont)	und was ist das hier?
wie säit me dèm?	wie nennt man das?
uf Züritüütsch	auf Zürichdeutsch
uf Schwyzertütsch	auf Schweizerdeutsch

> Was isch das?

> Das isch e Blueme.

> Isch das au e Blueme?

> Näi, das isch en Baum.

> Wie säit me dèm uf Züritüütsch?

> Das isch e Tüür.

> Und was isch daas?

> Das isch en Hund.

> Wie säit me dèm uf Änglisch?

> A dog.

Erinnerst du dich?

Deck die linke Seite ab. Weisst du noch, wie diese Dinge auf schweizerdeutsch heissen – mit bestimmtem und mit unbestimmtem Artikel? Auf S. 44 steht's.

Woher kommst du?

Hier erfährst du, jemanden zu fragen, wo er herkommt und zu erzählen, aus welchem Land zu selber kommst. Ausserdem lernst du herauszufinden, welche Sprachen andere Menschen sprechen.

Wörter und Ausdrücke

wo sind Si hèèr?	wo kommen Sie her?
wo bisch du hèèr?	wo kommst du her?
ich bi vo Spanie	ich bin aus Spanien
wo wonsch?*	wo wohnst du?
ich wone z Züri	ich wohne in Zürich
chasch du Türggisch?	sprichst du Türkisch?
ich cha nöd Italiènisch	ich spreche kein Italienisch
d Schwiiz	die Schweiz
Tüütschland	Deutschland
Ängland	England
Frankriich	Frankreich
Itaalie	Italien
Ööschtriich	Österreich

Wo kommst du her?

Sprichst du Schweizerdeutsch?

* Das «du» kann oft wegfallen.

Wer kommt von wo?

Hier siehst du die Teilnehmer eines internationalen Tanzturniers. Dem Ansager ist entgangen, wo die Teilnehmer herkommen. Kannst du ihm helfen? Seine Fragen stehen unter den Bildern. Die Antworten findest du auf Seite 44. Wie heissen die indischen Teilnehmer?

De Angus chunt vo Schottland.

Das sind d Marie und de Pierre. Si chömed vo Frankriich.

De Hari und d Indira chömed vo Indie.

De Janosch chunt vo Ungaarn. Er wont z Budapescht.

De Franz .. chunt vo Ööschtriich.

Wo chömed au die all hèer?

Das isch d Lolita. Si chunt vo Spanie.

Woher kommt Franz?
Wie heissen die indischen Teilnehmer?
Sind auch Franzosen dabei?
Ist Lolita Italienerin?

Wo kommen Hari und Indira her?
Tanzt jemand aus Schottland mit?
Von wo kommt Pierre?
Wer wohnt in Budapest?

Häufige Tätigkeitswörter (Verben)				
	sii («sein»)	haa («haben»)	choo («kommen»)	chöne («können»)
ich	bi	ha	chume	cha
du	bisch	häsch	chunsch	chasch
er, si	isch	hät	chunt	cha
mir, ir, si	sind	händ	chömed	chönd
Beachte: In der Mehrzahl lauten die Formen immer gleich!				

Ortsangaben

er wohnt in Zürich	**er wont z Züri**
er kommt aus Zürich	**er chunt vo Züri**
er fährt nach Zürich	**er faart uf Züri**

Das **z** ist verkürzt aus «zu». Es kann zu zungenbrecherischen Reihungen kommen, wie «was nützt es in Zürich» **was nützt s z Züri**.

Wer bin ich?

So sagt man, wie alt man ist, ob man Geschwister hat und vieles mehr.

Wörter und Ausdrücke

wie alt bisch?	wie alt bist du?
wie alt sind Si?	wie alt sind Sie?
ich bi ... Jaar alt	ich bin ... Jahre alt
häsch du ...?	hast du ...?
ich ha ...	ich habe ...
ich han en Brüeder	ich habe ... (vor Vokalen)
d Gschwüschterti	die Geschwister
de Brüeder	der Bruder
d Schwöschter	die Schwester
s Schwöschterli	das Schwesterchen
fascht	beinahe
käi, kä (unbetont)	kein, keine

Mehrzahlbildung

Die Bildung der Mehrzahl weicht oft vom Schriftdeutschen ab. Hier die Mehrzahl einiger schon gebrauchter Wörter:

Fründ	Freunde
Fründinne	Freundinnen
Böim	Bäume
Hüüser	Häuser
Hünd	Hunde
Auto	Autos
Brüeder	Brüder
Schwöschtere	Schwestern

Zahlwörter

Vor Substantiven gilt folgendes:

äin Maa	ein Mann
äi Frau	eine Frau
äis Chind	ein Kind
zwee, drei Mane	zwei, drei Männer
zwoo, drei Fraue	zwei, drei Frauen
zwäi, drüü Chind*	zwei, drei Kinder

Wie alt bist du?

> Wie alt bisch?

> Zwölfi, und du?

> Elfi.

Hast du Geschwister?

> Häsch du Gschwüschterti?

> Ja, en Brüeder und e Schwöschter.

> Wie alt sinds?

> Min Brüeder isch zäni und s Schwöschterli zwäi.

> Ich ha kä Gschwüschterti, aber ich han en Hund.

12   * Die Formen **zwäi** und **drüü** werden aber auch für alle Geschlechter gebraucht.

Wie alt sind sie?

Lies, was diese Leute sagen. Weisst du jetzt, wie alt sie sind?

> De Beni isch zwölfi.

> Mir sind füfzäni.

> S Lotti isch elfi.

> De Michi isch fascht vierzäni.

> Ich bi föifi. Èèr isch nüüni.

de Michi   s Hani und s Hedi   de Beni   s Lotti   de Guschti   d Greet

Wie viele Geschwister?

Unten steht, wie viele Geschwister die Leute haben. Errätst du, wer zu wem gehört?

S Hani und s Hedi händ en Brüeder und zwoo Schwöschtere.

S Lotti hät drei Schwöschtere und zwee Brüeder.

De Michi hät föif Schwöschtere, aber käi Brüeder.

De Guschti hät en Brüeder, aber käi Schwöschter.

De Beni hät käi Gschwüschterti, aber er hät en Hund.

Altersangaben

er, si isch	er, sie ist	si sind	sie sind
äis	ein Jahr alt	achti	acht
zwäi	zwei	nüüni	neun
drüü	drei	zäni	zehn
vieri	vier	elfi	elf
föifi	fünf	zwölfi	zwölf
sächsi	sechs	drizäni	dreizehn
sibni	sieben	zwänzgi	zwanzig

Die Familie

Hier sind viele Wörter, mit denen man seine Familie beschreiben kann. Ausserdem erfährt man, was «mein», «dein», «sein» heisst. Wer ist wer?

> **Das isch mini Familie.**

> **Min Hund**

> **Min Grosvatter**

> **Mini Grosmueter**

> **Min Vatter**

> **Mini Mueter**

> **Mini Schwöschter**

> **Min Brüeder**

> **Min Unggle**

> **Mini Tante**

> **Mini Chatz**

Wer ist wer?

> **Isch das din Brüeder?**

> **Ja, das isch min Brüeder.**

> **Und isch das dini Schwöschter?**

> **Ja, si häisst Silvi.**

> **Sind das dini Eltere?**

> **Näi, mini Groseltere?**

Wörter und Ausdrücke

Bei rascher Aussprache wird der Artikel angeglichen: **pFamilie, gGrosmueter, pMueter, tTante.** Bei **tTante** hört man keinen Unterschied, ob das Wort mit oder ohne Artikel gesprochen wird.

Familie	die Familie	**d Groseltere**	die Grosseltern
de Grosvatter	der Grossvater	**grooss**	gross
d Grosmueter	die Grossmutter	**chlii**	klein
de Vatter	der Vater	**choge nett**	wirklich nett
d Mueter	die Mutter	**tick**	dick
der Unggle	der Onkel	**schlank**	schlank
d Tante	die Tante	**lieb**	freundlich

Mein und dein usw.

«Mein, dein, sein» verteilen sich nach Geschlechtern so: **min, din, sin Hund, mini ... Chatz, mis ... Büsi** (Kätzchen). Wenn betont, mit langem Vokal: **miin, diin, siin** usw.

«ihr (Ihr)»: **ire Hund, iri Chatz, ires Büsi**
«unser»: **öise Hund, öisi Chatz, öises Büsi**
«euer»: **öie Hund, öii Chatz, öies Büsi**

Menschen beschreiben

Min Vatter isch grooss, aber mini Mueter isch chlii.

Mini Eltere sind choge nett.

Min Ungglen isch tick, aber mini Tanten isch schlank.

Mini Grosseltere sind alt. Ich bi jung.

Mini Schwöschter isch blond. Min Brüeder hät tunkli Haar.

Min Hund isch lieb.

Steckbriefe

Kannst du diese Räuber beschreiben? Benutze möglichst viele der neuen Wörter.

Beginne jede Beschreibung mit **er** oder **si isch** ... bzw. **er** oder **si hät** ...
Wie siehst du selbst aus?
Beginne mit **ich bi** ... oder **ich ha** ...
Beschreibe andere Leute: **Si sind** ... oder **si händ** ...

Zu Hause

Hier lernst du, deine nähere Umgebung zu beschreiben.

Wörter und Ausdrücke

s Huus	das Haus
d Wonig	die Wohnung
s Schloss	das Schloss
i de Stadt	in der Stadt
uf em Land	auf dem Lande
am Meer	am Meer
de Bappe	Vati, Papa
s Mami	Mutti, Mama
de Grosbappe	Opa
s Grosmami	Oma
oder **s Groosi**	
de Gäscht	der Geist
wo sind er?	wo seid ihr?
s Badzimer	das Badezimmer
s Ässzimer	das Esszimmer
s Schlaafzimer	das Schlaf-zimmer
d Stube	das Wohn-zimmer
d Chuchi	die Küche
s Chuchi-chäschtli*	das Küchen-schränkchen
de Gang	der Flur, Korridor
de Chäller	der Keller
d Winde	der Dachboden, Estrich
ufe, obe	hinauf, oben
abe, une	hinab, unten

Wo wohnst du?

In Stadt und Land

* beliebtes «Testwort», um herauszufinden, wie sattelfest jemand in der Aussprache des Zürichdeutschen ist; die drei **ch** müssen ganz tief im Rachen rauh kratzen.

Wo stecken sie alle?

Der Vater kommt nach Hause. Er will wissen, wo sich die verschiedenen Familienmitglieder gerade befinden. Sag es ihm, z. B. so:

S Groosi isch i de Stube.

s Mami de Bappe de Grosbappe

s Grosmami de Fritz s Ursi

de Walti de Gäischt

Wèr isch i de Stube?
Wèr isch i de Chuchi?
Wèr isch im Badzimer?
Wèr isch im Schlafzimer?
Wo isch s Grosmami?
Wo isch de Gäischt?
Wo isch de Hund?
Wo isch de Fritz?
Was macht de Walti?
Was machen iich?
Was macht de Gäischt?
Was macht s Ursi?

Ich mache d Tüür uuf.

Ich gäischtere im Ursi sim Zimer.

Ich bin im Bad.

Ich luege Fèrnsee i de Stube.

Ich spilen im Schlaafzimer mit de Chatz.

Was macht er?

Ich bin am Ässe.

Ich bin am Choche.

«In» mit Artikel

(ebenso bei **an**)

im Zimer	in dem Zimmer
imene* Zimer	in einem Zimmer
i de Chuchi	in der Küche
inere Chuchi	in einer Küche

«Auf» mit Artikel

(ebenso bei **ab**, **hinder**, **vor**, **näbet**, **under**, **zwüschet**)

uf em Wääg	auf dem Weg
ufeme Wääg	auf einem Weg
uf de Straass	auf der Strasse
ufere Straass	auf einer Strasse

* auch **ineme**

17

Sachen suchen

Bei der Suche nach einem verschwundenen Hamster lernen wir die Wörter für viele Möbel kennen.

Wörter und Ausdrücke

sueche	suchen
öppis	etwas
öpper	jemand
öppe*	etwa
de Hamschter	der Hamster
finde	finden
en, **si**, **(e) s**	ihn, sie, es
uf	auf
under	unter
hinder	hinter
vor	vor
zwüschet	zwischen
näbet	neben
de Chaschte	der Schrank
de Fotöi	der Sessel
de Voorhang	der Vorhang
s Gschtell	das Gestell
de Tisch	der Tisch
de Teppich	der Teppich
s Sofa	das Sofa
de Fèrnsee	der Fernseher
s Telifoon	das Telefon
d Waase	die Vase

Sueche ...

ich sueche
du suechsch
er, si suecht
mir, ir, si sueched

... und finde

ich finde
du findsch
er, si findt
mir, ir, si finded

Wo ist der Hamster?

Was suechsch?

Ich sueche de Böbeli, min Hamschter. Ich find en niene.

Uf em Büffee isch er nööd.

Under em Sofa isch er au nööd.

Isch er hinder em Voorhang?

Näi.

Da isch er! I de Blueme ine!

---

18   * Beliebter Spruch: **Hät öppen öpper öppis gsäit?** Hat etwa jemand etwas gesagt?

In, auf oder unter?

Achtung, Verwechslungsgefahr! Das schriftdeutsche «in» heisst auf zürichdeutsch **i**.* Das zürichdeutsche **in** heisst schriftdeutsch «in den»: **er gaat in Wald** bedeutet: «er geht in den Wald».

| i | hinder | vor | näbet | under | uf |

Wo verstecken sich die Tiere?

Beschreibe mit Hilfe dieser Bilder, wo sich die Lieblingstiere von Herrn Stutz verstecken.

Die Antworten stehen auf Seite 44.
Probiere weitere Ortsbeschreibungen.

de Hamschter

s Büsi

s Hündli

de Wälesittich

d Schlange

d Schildchrott

s Gschtell

d Waase

s Büffee

de Fèrnsee

s Telifoon

de Teppich

de Tisch

de Fotöi

s Sofa

---

* Ebenso bedeutet zürichdeutsch **an** schriftdeutsch «an den»: **e Fraag an Tokter** heißt «eine Frage an den Arzt».

Essen und Trinken

Hier lernst du zu sagen, was du
gern essen magst und was nicht.

Wörter und Ausdrücke

häsch du ... gèèrn?	magst du ...?
ich ha ... gèèrn	ich mag ...
ich ha ... lieber	ich bevor- zuge ...
nöd*	nicht
veruckt gèèrn	wahnsinnig gern
der Anke	die Butter
Pomfritt	Pommes frites
d Tuurte	die Torte
de Chueche	der Kuchen
de Keeks	der längliche Kuchen
Biskwii	Kekse
s Wienerli	die Wiener Wurst
s Gotlett	das Kotlett
d Wèèe	der belegte Flachkuchen
d Chèèswèèe	der Käsekuchen
d Öpfelwèèe	der Apfel-kuchen
ich isse	ich esse
was issisch?	was isst du?
er isst nüüt	er isst nichts
mir ässed zvil	wir essen zuviel

Was magst du gern?

Lieblingsspeisen

* Wenn es betont wird, heisst es **nööd**.

Was wird hier gegessen?

Wer mag was?

Hier sagen alle, die am Tisch sitzen, was sie mögen. Vielleicht kannst du die Fragen unter dem Bild beantworten. Die Antworten stehen auch auf Seite 45.

Wer mag Käse?
Wer mag keinen Schinken?
Was isst der Gorilla?
Wer mag Trauben lieber als Bananen?
Was isst Ursi am liebsten?

Kannst du auf schweizerdeutsch sagen, was du am liebsten magst und was du gar nicht magst? Jetzt verdecke einmal das Bild. Erinnerst du dich an die Ausdrücke für Schinken, Käse, Brot, Butter und Obsttorte?

21

Tischgespräche

Auch wenn man mit vollem Mund nicht sprechen soll – es gibt doch bei Tisch einiges zu sagen.

Wörter und Ausdrücke

chum cho ässe!	zu Tisch bitte!
chömed cho ässe!	
ich ha Hunger	ich habe Hunger
griiff zue!	bedien dich!
griiffed zue!	bedient euch!
griiffed Si zue!	bedienen Sie sich!
en guete!	guten Appetit!
tanke gliichfalls!	danke gleichfalls!
gisch mer ... übere	gibst du mir ...
gänd Si mer ...	geben Sie mir ...
wettsch ...?	möchtest du ...?
wetted Si ...?	möchten Sie ...?
na chli	noch ein bißchen
ich ha gnueg	das reicht
isch s guet?	schmeckt's?
s isch fäin	es schmeckt gut

gèè («geben»)	**nèè** («nehmen»)
ich gibe	**ich nime**
du gisch	**du nimsch**
er git	**er nimt**
mir, ir, si gänd	**mir, ir, si nämed**

Das Essen ist fertig

Chömed cho ässe, s isch paraad!

Ich ha Hunger!

Ich au!

Griiffed Si zue!

Tanke!

En guete!

Tanke gliichfalls!

Gibst du mir bitte ...

Gänd Si mer s Wasser übere, bitte?

Gänd Si mer s Broot übere, bitte?

Gänd Si mer es Glaas, bitte?

Darf es noch etwas sein?

Wer sagt was?

Hier siehst du verschiedene Leute beim Essen. Weisst du, wie sie sich auf schweizerdeutsch ausdrücken würden? Versuch's mal ohne nachzuschauen. Im Notfall steht's auf Seite 45.

Auch das noch – der Einsatz von «auch»

Die zürichdeutsche Form für «auch» lautet **au** oder **ä**. Dabei kann **ä** durchaus auch betont auftreten: **Fisch han i ä gèèrn!** Fisch habe ich auch gern!

Hobbys

Diese Leute hier sprechen
darüber, was sie gerne tun.

Wörter und Ausdrücke

mache	machen
tue	tun
maale	malen
choche	kochen
baschtle	basteln
tanze	tanzen
schwüme	schwimmen
spile	spielen
tschuute	Fussball spielen
lose	hören
s Inschtrumänt	das Instrument
d Giige	die Geige
zaabig	abends
Fèrnsee luege	fernsehen
läse	lesen
ich lise	ich lese
du lisisch	du liest
er list	er liest
si läsed	sie lesen

«Gang go» und Konsorten

Zur Erinnerung: «zu Tisch
bitte» heisst **chum cho ässe**.
Der Infinitiv **cho** wird nach
der Befehlsform wiederholt.
Entsprechend bei «gehen»:
Gang go spile! Geh spielen!
Gönd go Geht
luege! schauen!
Gönd Si go Gehen Sie
schwüme! schwim-
men!
Von frisch verheirateten
Männer sagt man, sie gehör-
ten nun zum «Gango-Klub».
Die Frau heisst sie nun Dinge
erledigen: **Gang go poschte**,
geh einkaufen, **gang go ...
hole**, **gango ... gango ...**!

Was machst du abends?

Sportsleute

Händ Si Hobi?

Ich triibe Sport!

Ich schwüme...

Ich tschuute...

...und ich spile Tenis.

Musikliebhaber

Händ Si Hobi?

Ja, Musig.

Spiled Si es Inschtrumänt?

Und iich spile Klavier.

Ja, ich spile Giige.

Was tun diese Leute?

A

B

C

D

E

Sag es auf schweizerdeutsch! Lösungen siehe S. 45. Fragen werden oft mit «tun» gestellt:

tuesch du choche? kochst du?
tüend Si tschuute? spielen Sie Fussball?

Die Uhrzeit

Auf den folgenden Seiten steht, wie man die Uhrzeit angibt und danach fragt.

Wörter und Ausdrücke

was isch für Ziit?	wieviel Uhr ist es?
wie spaat isch?	wie spät ist es?
(s isch) äis	ein Uhr
zwäi, drüü	zwei, drei Uhr
vieri, föifi	vier, fünf Uhr
sächsi, sibni	sechs, sieben Uhr
achti, nüüni	acht, neun Uhr
zäni, elfi	zehn, elf Uhr
zwölfi	zwölf Uhr
Viertel vor vieri	Viertel vor vier
Viertel ab drüü	Viertel nach drei
halbi sibni	halb sieben
am zwölfi zmittaag	12 Uhr mittag
am zwölfi znacht	um Mitternacht
am Morge	morgens
am Aabig, zaabig	abends
uufstaa	aufstehen
ich staa, du staasch	ich stehe, du stehst
er staat	er steht
si stönd	sie stehen
s Zmorge	das Frühstück
s Zmittaag	das Mittagessen
s Zaabig	das Abendessen
d Schuel	die Schule
s Bett	das Bett
äxgüsi!	entschuldige, entschuldigen Sie!

Wieviel Uhr ist es?

Was isch für Ziit, bitte?

Jetz isch äis.

Äxgüsi, wie spaat isch?

Sibni.

Jetzt ist es ...

föif ab nüüni

Viertel ab nüüni

halbi zäni

Viertel vor zäni

föif vor zäni

(zmittaag am) zwölfi

Die Tageszeit

s isch morgen am sächsi

s isch zaabig am sächsi

Michis Tageslauf

Sieh dir an, was Michi heute tut. Weisst du, welche Uhr zu welchem Bild passt? Auf Seite 45 steht die Lösung.

A   B   C   D   E   F   G   H

1 De Michi staat am halbi achti uuf.

2 Am achti isst er zmorge.

3 Am Viertel vor nüüni gaat er i d Schuel.

4 Am halbi äis isst er zmittaag.

5 Am zää ab zwäi tschuuted er.

6 Am Viertel ab föifi luegt er Fèrnsee.

7 Am sächsi isst er zaabig.

8 Am halbi nüüni gaat er is Bett.

Wieviel Uhr ist es?

Kannst du auf schweizerdeutsch sagen, wie spät es auf diesen Uhren ist? (siehe S. 45)

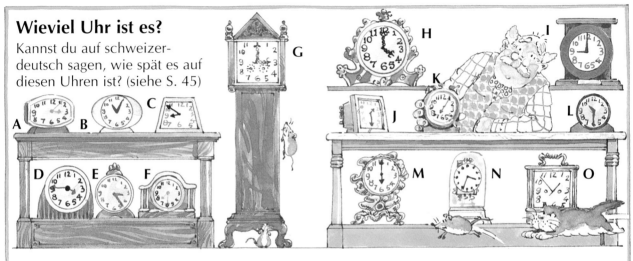

Sich verabreden

Wer Freunde treffen oder etwas unternehmen will ...

Wörter und Ausdrücke

wänn	wann
am Morge	am Morgen
Namittaag	Nachmittag
Aabig	Abend
hüt	heute
hütemorge	heute morgen
hützmittaag	heute mittag
hützaabig	heute abend
moorn	morgen
moornemorge	morgen früh
gescht, geschter	gestern
das gaat	das geht
wämer ...?	wollen wir ...?
gömer go tschuute	gehen wir Fussball spielen
schaad!	schade!
de Feez	das Partyfest
s Schwümbi	das Schwimmbad

Die Wochentage

Sunntig	Sonntag
Mèèntig	Montag
Ziischtig	Dienstag
Mittwuch(e)	Mittwoch
Dunschtig	Donnerstag
Friitig	Freitag
Samschtig	Samstag

Tennis

Schwimmen

Ins Kino gehen

Auf eine Party gehen

Dein Terminkalender

In deinem Terminkalender steht, was du diese Woche vorhast. Kannst du mit Hilfe des Kalenders die Fragen unten beantworten? Die Antworten stehen auf S. 45.

Was machst du am Freitag abend?
Wann spielst du Tennis?
Um wieviel Uhr gehst du ins Kino?
Hast du eine Klavierstunde?
Hast du am Sonntag morgen Zeit?
Wann steigt die Party am Samstag?

Beni will mit dir am Samstag nachmittag schwimmen gehen. Was sagst du ihm?

Martina lädt dich für Donnerstag abend in ein Konzert ein. Was sagst du zu ihr?

Nach dem Weg fragen

Auf dieser Seite erfährst du, wie man sich auf schweizerdeutsch nach dem Weg erkundigt.

Wörter und Ausdrücke

äxgüsi!	Entschuldigung!
gèèrn gschee	gern geschehen (Antwort auf Dank)
daa	hier
deet	dort
d Poscht	die Post
am Mèèrtplatz	am Marktplatz
rächts	rechts
linggs	links
s Hotel	das Hotel
und dän	und dann
häts ...?	gibt es ...?
daa umenand	in der Nähe
grad	gleich
öppe	etwa
z Fuess	zu Fuss
s lichaufs-zäntrum	der Super-markt
daa äne	da drüben
wisawii	gegenüber
näbet	neben
d Apiteegg	die Apotheke
isch es wiit?	ist es weit?
ganz nøøch	ganz nahe
de Baanhoof	der Bahnhof
d Telifon-kabiine	die Telefon-zelle
de Spitaal	das Kranken-haus

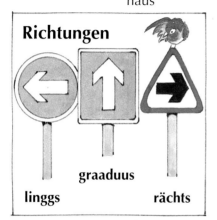
Entschuldigen Sie ...

> *Äxgüsi...*

Möglich ist auch **Tschuldigung**!

> *Tanke.*
>
> *Gèèrn gschee.*

Als Antwort auf Dank geht auch **bitte**!

Wo ist ...?

> *Äxgüsi, wo isch d Poscht?*
>
> *Daa, am Mèèrtplatz, rächts.*

> *Wo isch s Hotel Chroone, bitte?*
>
> *Daa linggs und dän graaduus.*

Ist hier irgendwo ...?

Äxgüsi, häts daa umenand es Kafi?

Ja, grad linggs a de Gopfrid-Chäller-Straass.

Ist es weit?

Isch es wiit?

Nänäi, öppe föif Minute z Fuess.

Äxgüsi, häts daa umenand es lichaufszäntrum?

Jaa, deet äne wisawii vo de Bank.

Und wo häts en Apiteegg?

Grad näbet em lichaufszäntrum.

Wichtige Orte

de Baanhoof	e Tankstell	s Wee Tsee	en Briefchaschte
Bahnhof	Tankstelle	Toiletten	Briefkasten
e Telifoonkabiine	en Zältplatz	de Spitaal	de Flugplatz
Telefonzelle	Campingplatz	Krankenhaus	Flughafen

31

Sich zurechtfinden

Hier steht, wie du nach dem Weg fragst. Wenn du Lust hast, versuch die Fragen auf der gegenüberliegenden Seite zu beantworten (siehe Seite 45).

> Äxgüsi, wodure gaats zum Baanhoof, bitte?

> Die eerscht Straass rächts, dän die zwäit linggs.

> De Baanhoof isch uf de rächte Siite.

> Wodure gaats zur Jugi?

> Graaduus bis zum Baanhoof...

> ...dän di dritt Straass rächts.

> Wodure gaats zum Vercheersbüro, bitte?

> Mit em Auto? Da graaduus, dän um der Egge...

> ...dän di nèèchscht Straass linggs.

Wörter und Ausdrücke

wodure gaats zum/zur ...?	wie komme ich zum/zur ...?	**de Rank**	die Kurve
gönd Si ...	gehen Sie ...	**di eerscht Straass**	die erste Strasse
d Jugi	die Jugendherberge	**di nèèchscht ...**	die nächste ...
s Vercheersbüro	das Verkehrsamt	**d Chile**	die Kirche
de Straass naa	der Strasse nach	**s Kafi**	das Café
der(!) Egge	die Ecke	**de Kafi**	der Kaffee
um der Egge	um die Ecke	**de Mèèrt**	der Markt
		de Lade, d Läde	das Geschäft, die Geschäfte

Achtung: Bedeutungsverschiebung!

Lauffe heisst «zu Fuss gehen»: **s isch z wiit zum Lauffe.**

Springe heisst «laufen»: **jetz muesch aber springe, susch chunsch z spaat.**

Gumpe heisst «springen»: **er gumpet über zwee Meeter.**

Z Seldwyla

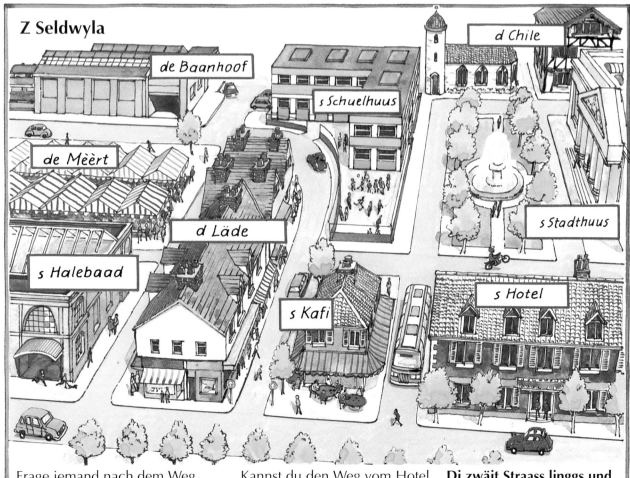

Frage jemand nach dem Weg zum Marktplatz. Frage, ob es in der Nähe ein Café gibt. Kannst du den Leuten im gelben Auto sagen, wie sie zur Kirche kommen?

Kannst du den Weg vom Hotel zum Markt genau beschreiben? Wo landet das gelbe Auto, wenn dem Fahrer folgendes gesagt wird:

Di zwäit Straass linggs und dän sind s linggs.
Auf S. 45 findest du die Antworten.

Beim Einkaufen

Einkaufen ist die Gelegenheit, bei der man seine schweizerdeutschen Kenntnisse anwenden kann.

Geld

Die Schweizer Währung kennt Franken und Rappen. **De Franke** hat hundert **Rappe**. Die Bezeichnungen der Geldstücke: **de Föifer** (5 Rp.), **de Zäner** (10 Rp.), **de Zwänzger** (20 Rp.), **de Füfzger** (50 Rp.), **de Fränkler** (1 Fr.), **de Zweefränkler** (2 Fr.), **de Föifliiber** (5 Fr.). Dann folgen **Zäner-, Zwänzger-, Füfzger-, Hunderter-, Föifhunderter-** und **Tuusigernoote.** Das Goldstück (20 Fr.) heisst nach dem Mädchenbildnis **s Vreeneli.**

Wörter und Ausdrücke

poschte	einkaufen
go poschte gaa	einkaufen gehen
ich gaa go poschte	ich gehe einkaufen
de Beck	der Bäcker
bim Beck	in der Bäckerei
d Beckerei	der Bäckerladen
d Metzgerei	die Metzgerei
s Lädeli	der Tante-Emma-Laden
de Coop, de Migros	bekannte Supermärkte
s Bröötli	das Brötchen
s Semeli	rundes Brötchen
s Weggli	Milchwecken
s Büürli	dunkles Brötchen
s Gipfeli	Hörnchen
der Öpfel	der Apfel
Gmües	das Gemüse
d Tomaate	die Tomate
was tøørfs sii?	was wünschen Sie?
ich hett gèèrn ...	ich wünsche ...
susch na öppis?	sonst noch etwas?
was macht das zäme?	was macht das?

Frau Gloor geht einkaufen

Frau Gloor gaat go poschte.

Si chaufts Broot bim Beck.

In der Bäckerei

Guete Tag!

Grüezi! Was tøørffs sii?

Gèèrn. Susch na öppis?

Näi, tanke. Was macht das?

Ich hett gèèrn vier Bröötli.

Drei Franke zwänzg.

3.20

Bitte.

Si chauft Milch und Äier im Lädeli.

Si chauft Frücht und Gmües uf em Mèèrt.

Si chauft Fläisch bim Metzger.

Im Lädeli

Was töörffs sii?

Sächs Äier bitte.

Susch na öppis?

Ja. Zwee Liter Milch, bitte.

Was macht das zäme?

Sibe Frankezää, bitte.

7.10

Auf dem Markt

Grüezi, was töörffs sii?

Ich hett gèèrn es Kilo Öpfel.

Susch na öppis?

Ja, es Pfund Tomaate.

Das macht zäme acht Franke vierzg.

Fr. 8.40

Kaufen, bestellen und bezahlen

Wie man sich nach Preisen erkundigt und im Café etwas bestellt.

Wörter und Ausdrücke

choschte	kosten
wivil choscht das?	was kostet das?
wivil choschted ...	was kosten ...?
gänd S mer ...	geben Sie mir ...
d Poschtchaarte	die Postkarte
s Kilo ...	das Kilo ...
s Stuck ...	das Stück ...
d Roose	die Rose
de Kafi	der Kaffee
(chani) zale bitte!	(kann ich) zahlen bitte!
d Truube	die Traube
d Bire	die Birne
d Orangsche	die Orange
d Zitroone	die Zitrone
s Zitro	die Limonade
s Goggi	die Cola
e Tasse häissi Schoggi	eine Tasse heisse Schokolade
s Glassee	das Speiseeis
de Ggupp	der Eisbecher
de Thee*	der Tee
... grèèm	... mit Sahne
... citron**	... mit Zitrone

Was kostet ...?

Wivil choscht e Poschtchaarte, bitte?

Sibezg Rappe.

Wivil choschted die Truube?

Zwee sächzg s Pfund

Wivil choschted die Roose?

S Stuck drei Franke.

3.- Fr.

Guet. Ich nime sibe, bitte.

Im Café

Ja, bitte?

Ich hett gèèrn e Schale, bitte.

E Schale.

Tanke.

Chan ich zale bitte?

Das macht zwee füfzg.

36   * Aussprache mit nachklingendem **h** nach dem **T**, also wie in der Schriftsprache. Sonst wird **t** «trocken» gesprochen.
   ** mehr oder weniger französisch, also nasal ausgesprochen

Obst kaufen

Du könntest einem Partner erklären, wieviel die ausgestellten Obstsorten kosten und die Fragen unter dem Bild beantworten (Lösungen auf S. 45).

ÄPFEL « Öpfel »

Was tòörffs si?

BANANEN «Banaane»

TRAUBEN «Truube»

ORANGEN «Orangsche»

ANANAS «Ananas»

PFIRSICHE «Pfirsich»

ZITRONEN «Zitroone»

Wie sagst du dem Verkäufer, dass du vier Zitronen, ein Kilo Bananen und eine Ananas willst?
Statt ½ kg sagt man oft **es Pfund**, für ¼ kg entsprechend **es Halbpfund**.
Wer Früchte betastet, bekommt vielleicht zu hören: **D Frücht sind zum chauffe, nüd zum aataape.**

Im Café bestellen

Hier sind einige leckere Sachen, die du vielleicht bestellen willst.

Ich hett gèèrn...

es Glaas Zitro	es Glaas Ggoggi	en Thee grèèm	en Thee mit Zitroone
es Glaas Orangschesaft	e häissi Schoggi	es Glaas Milch	es Glassee, en Ggupp

Monate, Jahreszeiten und Datum

Hier findest du die Namen der Monate und der Jahreszeiten. Ausserdem lernst du, nach dem Datum zu fragen.

Wörter und Ausdrücke

de Monet	der Monat
s Jaar	das Jahr
de welet hämer hüt?	welches Datum haben wir heute?
de Geburtstaag*	der Geburtstag

Die Jahreszeiten

de Früelig	der Frühling
de Sumer	der Sommer
de Hèrbscht	der Herbst
de Winter	der Winter

Die Monate

Jänner	Januar
Februar	Februar
Mèèrz	März
April	April
Mäi	Mai
Juni	Juni
Juli	Juli
Auguscht	August
Septämber	September
Oktoober	Oktober
Novämber	November
Dezämber	Dezember

Die Jahreszeiten

de Früelig

Mèèrz, April, Mäi...

de Sumer

Juni, Juli, Auguscht...

de Hèrbscht

Septämber, Oktoober, Novämber...

de Winter

Dezämber, Jänner, Februar...

Erster, zweiter, dritter ...

Der eerscht, de zwäit, de dritt, de viert - immer mit **-t** bis **de nünzäät.** Dann: **de zwänzgischt, der äinezwänzgischt, de driissgischt** usw.
Statt **-gischt** hört man auch **-igscht** (entsprechend der Schriftsprache); also **a min zwänzgischte Geburtstaag** oder **a min zwänzigschte Geburtstaag ; di driissgischt Linie** oder **di driissigscht Linie** usw.

De Jänner isch der eerscht Monet im Jaar.

De Februar isch de zwäit Monet im Jaar.

De Novämber isch der elft Monet im Jaar.

Kannst du die anderen Monate der Reihe nach aufzählen?

* Eine gebräuchliche Kurzform heisst **de Gebi**.

Das Datum

Hüt isch de dritt Mäi.

De welet hämer hüt?

Der eerscht Jänner

Das Datum nennen

Züri, 4. Mäi

de viert Mäi als Datum
am vierte Mäi als Zeitpunkt

Wann hast du Geburtstag?

Wän häsch du Geburtstaag?

Am zääte Novämber.

Ich han am zwölfte Februar Geburtstaag.

De Walti hät am achte Juni Geburtstaag.

Wann ist ihr Geburtstag?

Bei Monika sagst du: **De Monika ire Geburtstaag isch am zwäiten April.**

Bei Hans: **Em Hans sin Geburtstag isch am äinezwänzigschte Juli.**
Und bei den andern? (siehe S. 45)

Monika	Hans	Eevi	Lisbeet	Karl	Röbi

2. April	21. Juli	18. Oktoober	31. Auguscht	3. Mèèrz	7. Septämber

Farben und Zahlen

Die Farben (als Adjektive) bleiben unverändert nach **isch/sind** (**s Graas isch grüen**) und nach dem bestimmten Artikel in der Einzahl (**de blau Himel**). Allerdings verändert sich vor Adjektiv der weibliche Artikel: (**di grüen Wise**).*

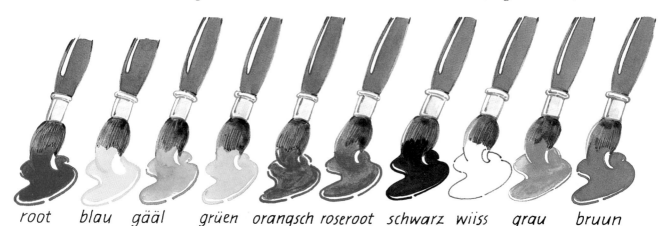

root   blau   gääl   grüen   orangsch   roseroot   schwarz   wiiss   grau   bruun

Welche Farbe hat ...?

Deck das Bild oben zu. Kannst du sagen, welche Farben die Dinge auf dem nebenstehenden Bild haben? Auf S. 45 kannst du nachschauen.

Zahlen

Mit dieser Liste kannst du dich ebenso gut über Lottogewinne wie über eine Taschengelderhöhung unterhalten. Beachte aber die Verwendung bei Zeit- und Altersangaben (S. 13, 26).

1 äis	11 elf	21 äinezwänzg	40 vierzg
2 zwäi	12 zwölf	22 zwäiezwänzg	50 füfzg
3 drüü	13 drizä	23 drüüezwänzg	60 sächzg
4 vier	14 vierzä	24 vierezwänzg	70 sibezg
5 föif	15 füfzä	25 föifezwänzg	80 achzg
6 sächs	16 sächzä	26 sächsezwänzg	90 nünzg
7 sibe	17 sibezä	27 sibenezwänzg	100 hundert
8 acht	18 achzä	28 achtezwänzg	101 hundertäis
9 nüün	19 nünzä	29 nünezwänzg	1000 tuusig
10 zää	20 zwänzg	30 driissg	2000 zwäituusig

* Aber: **d Wise** die Wiese

Schreibweise und Aussprache

Die Schreibweise in diesem Buch verfolgt ein doppeltes Ziel: Erstens sollen die Wörter dem gewohnten schriftdeutschen Wortbild möglichst ähnlich geschrieben werden, damit sie leicht erkennbar sind. Zweitens soll die Aussprache zuverlässig aus dem Schriftbild hervorgehen. Abweichungen vom gewohnten Schriftbild deuten also auf Eigenheiten der Aussprache hin.

Das Zürichdeutsche unterscheidet sich in seinem Klang zwar von den vielen andern Ausprägungen schweizerdeutscher Dialekte, wird aber mit Sicherheit überall in der deutschsprachigen Schweiz verstanden. Gegenüber der klaren, präzisen Aussprache des Schriftdeutschen etwa im Norden Deutschlands gilt ganz allgemein, dass das Zürichdeutsche die Konsonanten und Konsonantengruppen ziemlich unscharf und verschliffen bildet; die Sprechmuskeln bleiben weich. Salopp ausgedrückt: Sprich Zürichdeutsch, als wenn du einen vollen Mund hättest und dazu noch eine Pfeife zwischen den Zähnen! Zu präzise artikuliert würde es eben ziemlich eigenartig tönen.

Selbstlaute (Vokale)

Grundsatz: Einfach geschriebene Vokale sind kurz, doppelt geschriebene sind lang.
bade (baden) mit kurzem «a»
Taag (Tag) mit langem «a»

[a] dunkel gesprochen, gegen «o» hin (wie englisch «g**a**rden» oder schwedisch «å»).
jaa (ja)

[ä] klingt eher wie ein «a» als wie ein «ä» (dieses tönt wie das zürichdeutsche **è** - siehe dort), ähnlich wie dem «a» in englisch «bl**a**ck».
Wääg (Weg), **trääge** (tragen)

[è] wie auf französisch «p**è**re» oder deutsch «B**ä**r», «f**e**rtig», **gèèrn** (gern).

[e] wenn betont, wie deutsch «S**ee**», «M**ee**r»; sonst schwach wie deutsch «**e**rfahren».
deet (dort), **entdecke** (entdecken)
Versuche eine klar unterschiedene Lautreihe zu sprechen:
Taag (Tag) - **Wääg** (Weg) - **Bèèr** (Bär) - **See** (See).

[i] [o] [u] [ö] [ü] Diese Laute entsprechen ungefähr den deutschen Lauten, mit einer Ausnahme:

[ø] Dieser Laut ist zwar selten, aber typisch: Er steht zwischen «a» und normalem «ö»; er entspricht dem englischen etwa «g**i**rl».
frøøge (fragen), **nøøch** (nahe)
Unterscheide **Bröötli** (Brötchen) und **brøøtle** (Würste braten).

Doppellaute (Diphthonge)

[äi] tönt wie auf schriftdeutsch «Bein», «Kaiser»
näi (nein)

[ei] nicht wie schriftdeutsch «ei», sondern als «e+i» zu sprechen wie bei «g**eh' i**n».
schneie (schneien), **frei** (frei)
Die schriftdeutsche und die zürichdeutsche Aussprache von «frei» unterscheidet sich also sehr hörbar; vergleiche auch den Unterschied von schriftdeutsch «Freiheit» und zürichdeutsch «**Freihäit**»!

[au] wie schriftdeutsch «au»
Tschau! (Tschüss!)

[ou] als «o+u», wie bei «fr**oh u**nd»; Beispiel:
boue (bauen)

[öi] ein zusammengezogenes «ö+i» oder wie schriftdeutsch «eu»;
nöi (neu)

[ie] nicht als langes «i» zu lesen, sondern als «i+e», wie in «s**ie e**rfahren».
lieb (lieb)
Beide Wörter werden gleich geschrieben, aber verschieden gesprochen!

[ue] ebenfalls ein Doppellaut «u+e», wie in «d**u e**rfährst».
guet (gut)

[üe] entsprechend als «ü+e»
müed (müde)

Mitlaute (Konsonanten)

[b] [d] [g] Diese Buchstaben werden nicht stimmhaft ausgesprochen; aber das ist nur dann wichtig, wenn man es ganz genau nehmen will.

p] [t] ohne nachklingendes «h», also wie französisch «père», «tête». Wenn doch ein «h» nachklingen soll, wird es geschrieben:
Pheeter, Thee (aber: **Poscht, tanze**)

[k] als «kch» mit stark kratzendem «ch» zu lesen! Dieser unmelodische Laut hat dem Zürichdeutschen schon den Vorwurf eingetragen, man müsse eine mit Blei ausgegossene Kehle haben, um es zu sprechen. **Kunscht** (Kunst)

[gg] wie schriftdeutsch «k», aber ohne nachklingendes «h» und ohne Kratzgeräusch: **Egge** (Ecke)

[ch] immer kratzend, also noch viel rauher, als wenn man auf hochdeutsch «ach!» sagt. Das Testwort **Chuchichäschtli** befreit auch einen belegten Hals!

[st] [sp] am Wortanfang wie schriftdeutsch als «scht...» und «schp...» zu sprechen. Im Wortinnern wird ...**scht**... bzw. ...**schp**... geschrieben. **Stäi** (Stein), **spaat** (spät), **Fäscht** (Fest), **Wäschpi** (Wespe)

Im übrigen kann's nicht allzu falsch herauskommen. Die starke Neigung zum Verschleifen ist allerdings ständig zu beachten!

Das Zürichdeutsche ist «mundfaul», entsprechend heisst
es Mümpfeli ein kleiner «Mundvoll»
es Hämpfeli eine «Handvoll»

Ein Satz wie «die Kinder kommen keinen Moment zu spät» schreibt sich
d Chind chömed kän Momänt z spaat
Beim schnelleren Sprechen klingt das allerdings so:
Kchingkchömekämmomänzschpaat.

Sprachregeln

Jede Sprache folgt Regeln, Grammatik genannt. Sie beschreiben, wie die Sprache funktioniert und benutzt werden kann. Sprachregeln sind also auch Gebrauchsanweisungen. Auf diesen Seiten findest du einige wichtige Regeln des Schweizerdeutschen unter besonderer Berücksichtigung des Zürichdeutschen. Zum Teil sind sie schon vorn im Buch erläutert worden. Es lohnt sich, sie von Zeit zu Zeit einmal wieder durchzulesen.

Die Schriftsprache und das Zürichdeutsche sind ja sehr nahe miteinander verwandt, so dass manche Sprachregeln gar nicht genannt werden müssen; es soll also vor allem auf einige wichtige Unterschiede hingewiesen werden.

Hauptwörter (Substantive)

Meist entsprechen sie in ihrem Geschlecht (männlich/maskulin, weiblich/feminin, sächlich/neutrum) dem Schriftdeutschen. Jedoch ist auch zu achten auf die Form für den **Artikel,** also die vorgestellten Wörtchen «der», «die», «das» bzw. «ein», «eine», «ein». Im Zürichdeutschen gilt:

Einzahl (Singular)
de Maa der Mann
vor Vokal:
der Aarm der Arm
d Frau die Frau
(oft zusammengezogen **pFrau**)
s Chind das Kind

Mehrzahl (Plural)
d Mane die Männer
(oft zusammengezogen **pMane**)
d Fraue die Frauen
(oft zusammengezogen **pFraue**)
d Chind die Kinder
(oft zusammengezogen **kChind**)

In der unbestimmten Form des Artikels:
en Maa ein Mann
e Frau eine Frau
es Chind ein Kind

Eine ganz eigentümliche Besonderheit ist zu beachten: Wenn ein Adjektiv (Eigenschaftswort) zwischen Artikel und Substantiv geschoben wird, so heisst «die» (Einzahl und Mehrzahl) nicht mehr bloss **d**, sondern **di**:
di schöön Frau die schöne Frau

Eine etwas mühsame Sache ist bei den Hauptwörtern die **Mehrzahl (Plural)**. Sie kann gegenüber der Schriftsprache deutlich abweichen; einige Beispiele:

Mane	Männer
Hünd	Hunde
Broot	Brote
Auto	Autos
Chuchene	Küchen

Du kannst viele Mehrzahlformen in der Wortliste im Anhang nachschlagen.
Die Hauptwörter werden natürlich auch in Fälle gesetzt (dekliniert). Auch da zeigen sich Unterschiede zur Schriftsprache.

Der Akkusativ (Wen-Fall)

ist immer gleich wie der Nominativ (Wer-Fall):
der Aarm verbinde   den Arm verbinden

Der Genitiv (Wes-Fall)

wird umschrieben:

em Karl sis Buech	Karls Buch
de Silvia ire Fründ	Silvias Freund

Der Dativ (Wem-Fall)

erscheint oft nach Verhältniswörtern (Präpositionen): vergleiche dazu auch Seite 19.

näbet em Baum	neben dem Baum
näbet de Tüür	neben der Tür
näbet emene Baum	neben einem Baum
näbet enere Tüür	neben einer Tür

Eigenschaftswörter (Adjektive)

Sie erscheinen ohne Endung nach **isch/sind** und nach dem bestimmten Artikel in der Einzahl:

de Maa isch grooss	der Mann ist gross
d Mane sind grooss	die Männer sind gross
d Frau isch schöön	die Frau ist schön
d Fraue sind schöön	die Frauen sind schön
s Chind isch lieb	das Kind ist lieb
d Chind sind lieb	die Kinder sind lieb
de grooss Maa	der grosse Mann
di schöön Frau	die schöne Frau
s lieb Chind	das liebe Kind

In andern Fällen sind die Endungen komplizierter. Im Vertrauen: Wenn du die Endungen undeutlich sprichst, macht es nichts; die «Eingeborenen» setzen in ihrem Kopf die richtige Form schon selber ein!

Fürwörter (Pronomen)

Die Formen können je nach Heraushebung durch die Betonung verlängert sein oder geradezu verschwinden:

betont:

Iich bi de Mäischter!	Ich bin der Meister!

normal:

Ich ha das sälber gsee	Ich habe das selbst gesehen

schwach:

Das hani nie gsäit	Das habe ich nie gesagt

verschwunden:

Was machsch?	Was machst du?

Tätigkeitswörter (Verben)

Die Mehrzahl in der Gegenwart wird immer gleich gebildet. Normalbeispiel:

sueche	suchen
ich sueche *)	ich suche
du suechsch	du suchst
er suecht	er sucht
mir sueched	wir suchen
ir sueched	ihr sucht
si sueched	sie suchen

Einige unregelmässige Verben haben wir schon im Buch vorgestellt. Hier folgen noch einmal die wichtigsten, auf einer Liste zusammengestellt; nach der Grundform kommen der Reihe nach die Formen «ich», «du», «er/sie/es», «wir/ihr/sie».

dürfen	**tøørffe, tøørf, tøørfsch, tøørf, tøørffed**
essen	**isse, isse, issisch, isst, ässed**
geben	**gèè, gibe, gisch, git, gänd**
gehen	**gaa, gaa, gaasch, gaat, gönd**
haben	**haa, ha, häsch, hät, händ**
hätte	**hett**
kommen	**choo, chume, chunsch, chunt, chömed**
können	**chöne, cha, chasch, cha, chönd**
lassen	**laa, laa, laasch, laat, lönd**
legen	**legge, legge, läisch, läit, legged**
lesen	**läse, lise, lisisch, list, läsed**
liegen	**ligge, ligge, liisch, liit, ligged**
mögen	**möge, mag, magsch, mag, möged**
müssen	**müese, mues, muesch, mues, müend**
nehmen	**nèè, nime, nimsch, nimt, nämed**

sagen	**säge, säge, säisch, säit, säged**		tun	**tue, tue, tuesch, tuet, tüend**
schlagen	**schlaa, schlaa, schlaasch, schlaat, schlönd**		werden	**wèerde, wiird, wiirsch, wiird, wèerded**
sehen	**gsee, gsee, gseesch, gseet, gseend**		wissen	**wüsse, wäiss, wäisch, wäiss, wüssed**
sein	**sii, bi, bisch, isch, sind**		wollen	**wele, wott, wottsch, wott, wänd**
sollen	**söle, söll, söllsch, söll, söled**		ich möchte,	
stehen	**staa, staa, staasch, staat, stönd**		ich hätte gern	**ich wett**
tragen	**trääge, trääge, träisch, träit, trääged**			

Antworten

Seite 7

Wie heissen diese Leute?
Das isch de Fritz.
Das isch s Fränzi.
Das sind de Dani und de Toni.
Ich bi ...

Wer ist wer?
De Göpf redt mit em Chaschper.
D Anita redt mit der Ireen.
De Göpf isch rächts une.
De Chaschper redt mit em Göpf.
D Andreea isch linggs une.
De Michi gaat häi.

Erinnerst du dich?
Wie häissisch du? Wie häissed Si?
Ich bi ...
Mini Fründin häisst Andreea.
Das isch d Andreea.
Min Fründ häisst Dani. Das isch de Dani.

Seite 9

Erinnerst du dich?
d Blueme, e Blueme; d Chatz, e Chatz; de Baum, en Baum; s Näscht, es Näscht; de Vogel, en Vogel; s Tach, es Tach; d Sune; s Fäischter, es Fäischter; s Auto, es Auto; de Hund, en Hund.

Seite 11

Wer kommt von wo?
De Franz chunt vo Ööschtriich.
Si häissed Hari und Indira.
D Marie und de Pierre chömed vo Frankriich.
Näi, si chunt vo Spanie.
De Hari und d Indria chömed vo Indie.
Jaa, der Angus chunt vo Schottland.
De Pierre chunt vo Frankriich.
De Janos wont z Budapescht.

Seite 13

Wie alt sind sie?
De Michi isch drizäni, fascht vierzäni.
S Hani und s Hedi sind füfzäni.
De Beni isch zwölfi.
S Lotti isch elfi.
De Guschti isch nüüni.
D Greet isch föifi.

Wie viele Geschwister?
A = s Hani und s Hedi
B = de Guschti
C = de Michi
D = de Beni
E = s Lotti

Seite 17

Wo stecken sie alle?
S Groosi isch i de Stube.
De Walti isch i de Chuchi.
De Fritz isch im Badzimer.
S Mami isch im Schlafzimer.

I de Stube.
Im Ursi sim Zimer.
Im Ässzimer.
Im Badzimer.

De Walti chochet.
Ich chume häi.
De Gäischt gäischted umenand.
S Ursi macht d Tüür uuf.

Seite 19

Wo verstecken sich die Tiere?
De Hamschter isch i de Waase.
S Büsi isch hinder em Fèrnsee.
S Hündli isch im Büffee.
De Wälesittich isch uf em Gschtell.
D Schlange isch under em Sofa.
D Schildchrott isch näbet em Telifoon.

Wer mag was?

1. De Beni hät gèèrn Chèès.
2. De Werni hät Schinke nöd gèèrn.
3. Banaane isst de Gorilla.
4. De Grosbappe hät lieber Truube als Banaane.
5. S Ursi hät am liebschte Wèèe.
   Ich ha ... gèèrn.
   Ich ha ... nöd gèèrn.

Wer sagt was?

Ich ha Hunger.
En guete!
Griiff zue!
Gänd Si mer es Glaas Wasser übere, bitte?
Wettsch na chli Pomfritt?
Ja gèèrn. Ich ha Pomfritt gèèrn.
Jetz hani gnueg.
S isch fäin!

Was tun diese Leute?

A Ich choche, ich tue choche.
B Ich schwüme und tauche, ich tue schwüme und tauche.
C Mir tanzed.
D Ich spile Giige.
E Ich maale, ich tue maale.

Michis Tageslauf

Folgende Tätigkeiten (Zahlen) passen zu den verschiedenen Uhrzeiten (Buchstaben):

1B, 2E, 3F, 4A, 5H, 6G, 7D, 8C

Wieviel Uhr ist es?

A S isch föif ab drüü.
B S isch föif ab elfi.
C S isch zää vor nüüni.
D S isch Viertel vor vieri.
E S isch föif vor halbi vieri.
F S isch halbi achti.
G S isch drüü.
H S isch vieri.
I S isch nüüni.
J S isch halbi zwäi.
K S isch föif ab sibni.
L S isch halbi elfi.
M S isch sächsi.
N S isch föif ab halbi vieri.
O S isch föif vor zwäi.

Dein Terminkalender

Ich gaa mit em Beni i d Disco.
Ich spile Tenis am Mèèntig, am Mittwuche und am Suntig.
Ich gaa am Mittwuch zaabig is Kino.
Jaa, am Ziischtig.
Jaa, am Suntig morge bini frei.
Zaabig am sibni.
Es tuet mer läid. Am Samschtig namittaag tuen ich tschuute.
Das isch priima! Ich bi dän frei. Bis am Dunschtig!

In Seldwyla

Äxgüsi, wodure gaats zum Mèèrtplatz?
Häts daa umenand es Kafi?
Di dritt Straass linggs, dän graaduus.
Vom Hoteliigang uus nach rächts, dän di dritt Straass rächts, de Mèèrt isch dän uf de lingge Siite.
De Mèèrt isch linggs.
Bi de Läde.

Obst kaufen

Ich hett gèèrn vier Zitroone, es Kilo Banaane und en Ananas, bitte.

Wann ist ihr Geburtstag?

Em Hans sin Geburtstaag isch am äinezwänzgischte Juli.
Em Eevi sin Geburtstaag isch am achzääten Oktoober.
De Lisbeet ire Geburtstaag isch am äinedriissgischten Auguscht.
Em Karl sin Geburtstaag isch am dritte Mèèrz.
Em Röbi sin Geburtstaag isch am sibete Septämber.

Welche Farbe hat ...?

D Straass isch grau. D Sune isch gääl.
S Tach isch orangsch.
De Himel isch blau.
D Blueme sind roseroot.
De Hund isch bruun.
De Vogel isch schwarz. S Auto isch root.
D Böim sind grüen. S Huus isch wiis.

Alphabetische Wortliste

Doppelvokale werden wie einfache Vokale behandelt, Umlaute nur am Wortanfang gesondert geordnet. Wenn keine Mehrzahl gesetzt ist, entspricht sie der Einzahl.

ab	ab	danken	tanke	Frucht	e Frucht, Frücht
Abend	der Aabig, Øøbig	dann	dän	Frühling	de Früelig, Früelige
		das	das		
Abendessen	de Zaabig, de Znacht	deutsch	tüütsch	Frühstück	de Zmorge
		Deutschland	Tüütschland	Fuss	de Fuess, Füess
abends	zaabig	dick	tick		
abwärts	abe	Dienstag	de Ziischtig, Ziischtige	Gang	de Gang, Gäng
alle	all			ganz	ganz
alt	alt	diesem	dèm	Garage	d Garaasch, Garaasche
Ananas	d Ananas	Donnerstag	de Dunschtig, Dunschtige		
Apfel	der Öpfel			geben	gèè
Apfelkuchen	d Öpfelwèèe	dort	deet	Geburtstag	de Geburtaag, -tääg, de Gebi
Apotheke	d Apiteegg, Apiteegge	drüben	äne		
		du	duu, du	gegenüber	wisawii
Arm	der Aarm, Eèrm	dürfen	tøørffe	gehen	gaa
Arzt	de Tokter, Tökter	dunkel	tunkel	(zu Fuss) gehen	lauffe
				Geige	d Giige, Giigene
auch	ä, au	die Ecke	der Egge	Geist	de Gäischt, Gäischter
auf (vor Subst.)	uf	Ei	s Äi, Äier		
auf (bei Verb)	uuf	einkaufen	poschte	gelb	gääl
aufstehen	uufstaa	Einkaufszentrum	s lichaufszäntrum	Gemüse	s Gmües
ausgezeichnet	priima	einverstanden	iiverstande	genug	gnueg
Auto	s Auto	Eisbecher	de Ggupp, Ggüpp (Coupe)	geradeaus	graaduus
				gern	gèèrn
Badezimmer	s Badzimer			geschehen	gschee
Bahnhof	de Baanhoof, Baanhööf	England	Ängland	Geschwister	d Gschwüschterti
		englisch	änglisch		
Banane	d Banaane	entlang	naa	Gestell	s Gschtell
basteln	baschtle	Entschuldigung!	äxgüsi, Tschuldigung!	gestern	gescht(er)
Baum	de Baum, Böim			Glas	s Glaas, Gleser
bereit	paraad	er	èèr, er	gleich	grad
berühren (grob)	aataape	es	es, s	gleichfalls	gliichfalls
(schöne) Bescherung!	guet nacht am sächsi	Esszimmer	s Ässzimer	Gras	s Graas, Greser
		etwa	öppe	grau	grau
Birne	d Bire	etwas	öppis	greifen	griiffe
Biskuit	Biskwii			gross	grooss
ein bisschen	(es) bitzli	fahren	faare	grossartig	böimig
bitte	bitte	Familie	d Familie	Grosseltern	d Groseltere
blau	blau	fast	fascht	Grossmutter	d Grosmueter, -müetere
blond	blond	fein	fäin		
Blume	d Blueme	Fenster	s Fäischter	Grossvater	de Grosvatter, -vättere
braun	bruun	Fernseher	de Fèrnsee		
Briefkasten	de Briefchaschte, -chäschte	finden	finde	grün	grüen
		Fisch	de Fisch	gut	guet
Brötchen	s Bröötli, s Weggli, s Büürli	Fleisch	s Fläisch	guten Appetit!	en guete!
		Flugplatz	de Flugplatz, -plätz	guten Tag!	grüezi
Bruder	de Brüeder				
Buch	s Buech, Büecher	Fräulein	s Fröläin	haben	haa
		Frage	d Fraag, Fraage	Halbes Pfund	s Halbpfund
Butter	der Anke	fragen	frøøge	Hallenbad	s Halebaad
		Franken	de Franke	hallo!	sali
Café	s Kafi	20 Fr.-Goldstück	s Vreeneli	Hamster	de Hamschter
Campingplatz	de Zältplatz, -plätz	1 Fr.-Stück	de Fränkler	Haus	s Huus, Hüüser
		2 Fr.-Stück	de Zweefränkler	nach Hause	häi
Cola	s Goggi	5 Fr.-Stück	de Föifliiber	heiss	häiss
		Frankreich	Frankriich	heissen	häisse
da	daa	Frau	d Frau, Fraue	her	hèèr
Dach	s Tach, Tächer	frei	frei	Herbst	de Hèrbscht
Dachboden	d Winde, Windene	Freitag	de Friitig, Friitige	Herr	de Hèrr, Hère
		Freund	de Fründ, Fründe	heute	hüt
				heute abend	hützaabig

46

heute mittag	hützmittaag	**laufen**	springe	**Oma**	s Groosi,
heute morgen	hütemorge	**leid**	läid		s Grosmami,
hier	daa	**leider**	läider		-mamene
Himmel	de Himel	**lesen**	läse	**Onkel**	der Unggle
hinab	abe	**lieb**	lieb	**Opa**	de Grosbappe
hinauf	ufe	**lieber** (eher)	lieber	**Orange**	d Orangsche
hinter	hinder	am **liebsten**	am liebschte	**orange**	orangsch
hinüber	übere	**Limonade**	s Zitro	**Orangensaft**	de Orangschesaft
Hobby	s Hobi	**links**	linggs		
Hörnchen	s Gipfeli	**Liter**	de Liter	**Papa**	de Bappe
Hotel	s Hotel	**los!**	loos	**Party**	de Feez
Hündchen	s Hündli			**Pfirsich**	de Pfirsich
Hund	de Hund, Hünd	**machen**	mache	**Pfund**	s Pfund
Hunger	de Hunger	**malen**	maale	**Pommes frites**	Pomfritt
		Mami	s Mami	**Post**	d Poscht
ich	iich, ich	**Mann**	de Maa, Mane	**Postkarte**	d Poscht-
ihn	en	**Markt**	de Mèèrt		chaarte
ihr	iir, ir, er	**Marktplatz**	de Mèèrtplatz,		
Indien	Indie		-plätz	**Rappen**	de Rappe
Instrument	s Inschtrumänt	**Meer**	s Meer	5 **Rp.**-Stück	de Föifer
Italien	Itaalie	**mein, meine**	min, mini	10 **Rp.**-Stück	de Zäner
italienisch	italiènisch	**Meter**	de Meeter	20 **Rp.**-Stück	de Zwänzger
		Metzger	de Metzger	50 **Rp.**-Stück	de Füfzger
ja	jaa	**Metzgerei**	d Metzgerei,	**Rathaus**	s Stadthuus
Jahr	s Jaar		Metzgereie	**recht**	rächt
Januar	de Jänner	**Milch**	d Milch	**rechts**	rächts
jemand	öpper	**mir** (unbetont)	mer	**Reis**	de Riis
jetzt	jetz	**miserabel**	schitter	**rosa**	roseroot
Jugend-	d Jugi, Jugene	**Mittagessen**	de Zmittaag,	**Rose**	d Roose
herberge			Zmittääg	**rot**	root
		mittags	zmittaag		
Käsekuchen	d Chèèswèèe	**mittelmässig**	durzoge	(mit) **Sahne**	(...) grèèm
Kätzchen	s Büsi	**Mittwoch**	de Mittwuch,	**Salat**	de Salaat,
Kaffee	de Kafi		Mittwuche		Saloøt
Kamin	s Chämi	**Monat**	de Monet,	**Samstag**	de Samschtig,
Kasten	de Chaschte,		Mönet		Samschtige
	Chäschte	**Montag**	de Mèèntig,	**schade**	schaad
Katze	d Chatz,		Mèèntige	**schauen**	luege
	Chatze	**Morgen**	de Morge, Mörge	**Schildkröte**	d Schildchrott,
kaufen	chauffe	**morgen**	moorn		-chrotte
kein	käi, kä	**Morgenessen**	de Zmorge	**Schinken**	de Schinke
Keller	de Chäller	**morgen früh**	moornemorge	**Schlafzimmer**	s Schlaafzimer
Kilo	s Kilo	**Musik**	d Musig	**Schlange**	d Schlange
Kind	s Chind	**Mutter**	d Mueter,	**schlank**	schlank
Kirche	d Chile		Müetere	**Schloss**	s Schloss,
Klavier	s Klavier				Schlösser
klein	chlii	**Nachmittag**	de Namittaag,	**Schokolade**	d Schoggi,
kochen	choche		-tääg		Schoggene
können	chöne	**nachts**	znacht	**Schottland**	Schottland
kommen	choo	**nächster**	nèèchscht	**Schrank**	s Büffee
kosten	choschte	in der **Nähe**	umenand	**Schriftdeutsch**	Schrifttüütsch
Kotlett	s Gotlett	**nahe**	nøøch	**Schule**	d Schuel,
Krankenhaus	de Spitaal,	**neben**	näbet		Schuele
	Spitøøler	**nehmen**	nèè	**Schulhaus**	s Schuelhuus,
Kuchen	de Chueche,	**nein**	näi		-hüüser
	Chüeche	**Nest**	s Näscht,	**schwarz**	schwarz
(belegter	d Wèèe		Näschter	**Schweiz**	d Schwiiz
Flach-)**kuchen**		**nett**	nett	**schweizer-**	schwyzertütsch
Kuchen (länglich)	de Keeks	**nicht**	nööd, nöd	**deutsch**	
Küche	d Chuchi,	**nicht mehr**	nüme	**Schwester**	d Schwöschter,
	Chuchene	**nichts**	nüüt		Schwöschtere
Küchen-	s Chuchi-	**nirgends**	niene	**Schwester-**	s Schwöschterli
kästchen	chäschtli	**noch**	na	**chen**	
Kurve	de Rank, Ränk	**Note**	d Noote	**Schwimmbad**	s Schwümbi
				schwimmen	schwüme
Laden	de Lade, Läde	**Österreich**	Ööschtriich	**sehr**	choge
(Tante-Emma-)		**Ofen**	der Ofe, Öfe	**sein**	sii (Verb)
Laden	s Lädeli				

Semmel	s Semeli	Tisch	de Tisch	welcher	wele (Pron.)
Sessel	de Fotöi	Toilette (WC)	s Wee Tsee	Wellensittich	de Wälesittich
sie	sii, si (Pron.)	Tomate	Tomaate	wer	wèèr, wèr
so	so		(o betont)	wie	wie
Sofa	s Sofa	Torte	d Tuurte	auf Wiedersehen	adie
Sommer	de Sumer, Sümer	Traube	d Truube	Wiedersehen	Widerluege
Sonne	d Sune	treiben	triibe	Wiener	s Wienerli
Sonntag	de Suntig, Süntig	tschüss	tschau	Würstchen	
sonst	susch	Tür	d Tüür, Tüüre	Wiese	d Wise
spät	spaat	türkisch	türggisch	wieviel	wivil
Spanien	Spanie	tun	tue	Winter	de Winter
Speiseeis	s Glassee			wir	miir, mir, mer
spielen	spile	und	und	wo hindurch	wodure
springen	gumpe	Ungarn	Ungarn	wohnen	wone
Stadt	d Stadt, Stedt	unten	une	Wohnung	d Wonig, Wonige
Strasse	d Straass,	unter	under	Wohnzimmer	d Stube, Stubene
	Straasse			wollen	wele (Verb)
stricken	lisme	Vase	d Waase	Wurst	d Wuurscht,
Stück	s Stuck	Vater	de Vatter, Vättere		Wüürscht
suchen	sueche	Verkehrsamt	s Vercheersbüro		
Supermarkt	s lichaufszäntrum	verrückt	veruckt	zahlen	zale
		Viertel	de Viertel	Zaun	de Haag, Hääg
Tankstelle	d Tankstell	Vogel	de Vogel, Vögel	Zeit	d Ziit
Tante	Tante, Tantene	von	vo	Zeltplatz	de Zältplatz,
tanzen	tanze	vor	vor		-plätz
Tasse	d Tasse	Vorhang	de Voorhang,	Zimmer	s Zimer
Tasse Milch-	d Schaale		Voorhäng	Zitrone	d Zitroone
kaffee				zu	zue
tauchen	tauche	Wald	de Wald,	Zürich	Züri
Tee	de Thee		Wälder	zürichdeutsch	züritüütsch
Telefon	s Telifoon	wann	wän	zuhören	lose
Telefonzelle	d Telifoonkabiine	was	was	zusammen	mitenand, zäme
Tennis	s Tenis	weiss (Farbe)	wiiss	zuviel	zvil
Teppich	de Teppich	weit	wiit	zwischen	zwüschet

Ähnliche Bücher zu anderen Mundarten sind in Vorbereitung.

In gleicher Ausstattung erhältlich ist die Reihe
«Meine ersten Wörter und Sätze»in folgenden Sprachen:

Englisch, Französisch, Italienisch, Spanisch, Türkisch

95 94 93 92 91   5 4 3 2 1

© 1991 ars edition, CH-6301 Zug
Fachberatung: Alfred Egli, Küsnacht ZH
© 1986 für Konzept und Illustrationen:
Usborne Publishing Ltd., London
Konzeption: Angela Wilkes
Illustrationen: John Shackell
Gestaltung: Roger Priddy
Umschlaggestaltung: Atelier Langenfass, Ismaning
Alle Rechte vorbehalten
Printed in Germany

ISBN 3-7607-4564-4

Die Sprachstelle des Vereins Schweizerdeutsch
(Untere Heslibachstrasse 1, CH-8700 Küsnacht ZH) erteilt
Auskünfte über Fragen zur Mundart.

Die Deutsche Bibliothek – CIP-Einheitsaufnahme

Schwyzertütsch für Anfänger / Jürg Bleiker.
   München : Ars Ed., 1991
   ISBN 3-7607-4564-4